三全育人

"一站式"学生社区综合管理手册

主编：宋艳春　母则闯

④ 青春风采　规划未来

参编人员：汤建发　张雅雯　陈伟鸿　龙文官

厦门大学出版社　国家一级出版社
XIAMEN UNIVERSITY PRESS　全国百佳图书出版单位

图书在版编目（CIP）数据

三全育人：“一站式”学生社区综合管理手册 / 宋艳春，母则闯主编. -- 厦门：厦门大学出版社，2024.9. -- ISBN 978-7-5615-9479-7

Ⅰ. G717.4-62

中国国家版本馆 CIP 数据核字第 2024UQ0792 号

责任编辑	王洪春　张　洁
策划编辑	张佐群
美术编辑	蔡炜荣
技术编辑	朱　楷

出版发行　厦门大学出版社

社　　址　厦门市软件园二期望海路 39 号

邮政编码　361008

总　　机　0592-2181111　0592-2181406（传真）

营销中心　0592-2184458　0592-2181365

网　　址　http://www.xmupress.com

邮　　箱　xmup@xmupress.com

印　　刷　厦门市明亮彩印有限公司

开本　889 mm×1 194 mm　1/32

印张　14.5

字数　330 千字

版次　2024 年 9 月第 1 版

印次　2024 年 9 月第 1 次印刷

定价　48.00 元（共 6 册）

本书如有印装质量问题请直接寄承印厂调换

目 录

第一篇　就业形势与政策 …………………………………………… 1
　　第一节　就业形势分析 ………………………………… 1
　　第二节　职业与就业 …………………………………… 4
　　第三节　国家与地方就业政策 ………………………… 6

第二篇　就业系统填写及就业手续流程办理 ……………………… 9
　　第一节　就业系统填写方式指导 ……………………… 9
　　第二节　就业手续流程办理 …………………………… 13

第三篇　校友就业与创业典型 ……………………………………… 17
　　第一节　校友就业典型 ………………………………… 17
　　第二节　校友创业典型 ………………………………… 23

第四篇　学校就业推荐模式及地方基层就业项目 ………………… 29
　　第一节　学校就业推荐模式 …………………………… 29
　　第二节　地方基层就业项目 …………………………… 30

第五篇 创业政策与指导 ············ 36
第一节 创业政策解析 ············ 36
第二节 创业项目指导 ············ 41
第三节 创业典型做法 ············ 43

第六篇 征兵政策与就业 ············ 46
第一节 应征入伍政策解析 ············ 46
第二节 征兵宣传 ············ 53
第三节 典型案例 ············ 57

第七篇 资助政策 ············ 60
第一节 奖助学金的意义 ············ 60
第二节 学校奖助学金体系 ············ 61
第三节 资助典型做法 ············ 63

第一篇　就业形势与政策

第一节　就业形势分析

伴随着高等教育体制的改革,高校招生的扩大和就业"市场化"进程加快,中国劳动力市场出现了大学生就业难的问题。即将面临就业的大学生,作为担负着家长、社会和自身的期望的特殊群体,通常自我定位比较高,对自己未来工作期望高,社会对他们要求也很高,这使他们面临很大的心理压力。随着近几年高校毕业生的人数不断增加,受到经济大环境的影响,企事业单位在夹缝中求生存,导致就业岗位需求骤减,因此,当代大学生应从以下几个方面认清问题所在,从而解决自身就业的问题。

一、社会层面的影响

(1)经济发展不平衡,区域结构性矛盾影响就业状况。导致就业难根本原因之一是经济发展不平衡,东西部地区差距的扩大所导致的区域结构性矛盾。大学生就业难处于"两难"境遇:一边是毕业生想去的地区和单位不需要这么多的毕业生或毕业生素

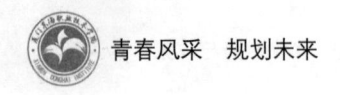

质达不到用人单位要求；另一边经济发展较落后的中西部地区和边远地区长期招收不到应届大学毕业生。

（2）国家就业制度和相关政策法规不完善。用人指标、住房等问题，导致一些大学生放弃现有的就业机会，而用人单位招不到人。

（3）就业信息传递渠道不通畅，毕业大学生无法得到用人单位的完备信息。同样，用人单位也由于信息不完善，无法找寻到最合适的人才。

（4）就业环境中存在着不公平的现象，男女就业不公平、文理科毕业生就业不公平都使得大学生就业的形势更加严峻。

二、学校层面的影响

（1）高校的专业设置和调整滞后于社会发展，没能及时以市场需求为导向进行主动调整，往往依据自身的师资条件，专业设置大众化、同质化，造成供给侧结构失衡。

（2）课程设置不合理，课程内容陈旧。在实用性强的技术岗位招聘中，很多单位通过面试学生发现高校部分专业课程设置无法与单位实际需求相适应。

（3）忽略职业素质培养对学生的重要性。很多高校根据专业的不同开设了赏析课却没有高校在课程中设计职业素质课。许多高校毕业生在工作中连最基本的职场礼仪都不了解，这也成了职场发展障碍之一。

（4）教师工作量加大，整天忙于应付事务性的工作，没有时间补充新知识，缺乏职业生涯指导的专业研究。

三、大学生自身发展因素对未来影响

（1）大学生自身综合素质不能适应用人单位的需要。许多企业人力资源部人员认为当代大学毕业生主要有以下几个方面欠缺：专业知识不够扎实，没有形成自己的核心竞争力；能力水平低下，特别是实践动手能力不强；综合素质不高，难以胜任更高层次职位的需要；缺乏责任感和主人翁意识，实践能力、创新精神较差；缺乏职业道德与职业素养，有些学生在为人处世方面还存在种种缺陷。

（2）大学生自身定位不准确。大学生缺乏对自我客观科学的认识，常高估自己的能力。大部分学生表现出对社会需求不关心，职业目标模糊，不能很好地将自己所学专业与国家发展结合起来。有不少大学生在择业过程中不能客观正确地认识自己，认识环境，过高地追求超越自身素质的职业和社会提供的条件，缺乏正确的择业定位。主要表现在：择业期望值普遍过高，一毕业就想拿高工资，谋好职位，出人头地，而并未考虑自身是否具备"以一敌十"的实力，过分看中单位的福利、待遇制度等。一部分学生只把目标锁定在公务员、事业单位、公有制企业、外企上。择业期望值普遍偏高，不肯放下架子，缺乏脚踏实地从基层开始干起的精神。"高不成、低不就"，已然成为当代大学生就业难的尴尬原因。

（3）大学生自身性格缺点。近几年毕业的大学生很多都是"00后"的独生子女，他们普遍对父母的依赖性较大，缺乏独立的为人处世的能力，而且社会对"00后"这一代的评价褒贬不

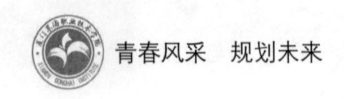

一，用人单位认为"00后"大学生员工普遍存在散漫、忠诚度低、责任心弱等缺点，这使用人单位招聘时有所顾忌。

言而总之，大学生就业问题是国家的一项重大系统工程，它需要大学生、高校、政府及全社会的共同关注与参与，积极应对。随着社会的进步和发展，"就业难"的问题将在发展中被逐步解决，高等教育大众化将持续高速发展，高校将走上良性循环的发展之路为国家培养大批高素质人才，大学毕业生将成为推动社会主义建设的中坚力量。且大学生要树立好择业的观点，调整好就业心态。当进入理想职业的时机还不成熟时，应采取"先就业，后择业，再创业"的办法，把就业过程当成取得个人职业生涯经验的重要经历，通过就业不断提高自己的社会生存能力、实际工作能力和职业发展能力，凭借自己的努力，通过合理的职业流动，逐步实现自我价值，取得事业的成功。

第二节　职业与就业

职业和就业是两个不同的概念，但它们之间有着密切的联系。

职业指的是个人长期从事的领域或职业，它是一个人所处的行业或者他所做的事情的类型。职业者通常是自雇的，有自己的指导原则和工作模式，他们的工作可能是长期的，并且可能涉及多种类型的服务和业务。职业者的典型例子包括个体工商户、自由职业者（如作家、编辑、会计师、律师、摄影师等）、专业从业者（如医生、工程师）以及销售和服务人员（如保险顾问、直

销人员）。职业者的工作往往是自主的，依赖于个人的知识和技能。

就业通常指人们在法定年龄内为了获得报酬而进行的务工劳动。这包括了短期或临时的职位，比如季节性工作、兼职工作、临时工或工作时间灵活的工作。就业者可能在多个不同的组织和岗位之间转换，他们的就业状态可能会因为各种原因而变动，如失业、退休或其他生活事件。就业者可能没有固定的工作单位，也不一定隶属于任何组织，他们的工作性质可能是非全日制的、临时性的或弹性的。

从概念可得出职业和就业之间的区别在于工作形式不同、工作类型不同、含义不同：

一、工作形式不同

职业者没有固定的工作单位，不隶属于任何组织，并且在同一单位从事长期性的工作，通常是在自己的指导下进行工作。就业人员是指非全日制、临时性和弹性工作的人。例如一些下岗人员或无固定单位的人员，以街道、社区等组织形式从事社区便民服务、家政服务、企事业单位后勤服务等各种临时性工作的劳务人员。

二、工作类型不同

职业者的工作类型一般有三类，分别为个体工商户、销售和服务人员没有固定底薪的销售人员（广告中介、直销人士、寿险顾问等）、有专长的人士（作家、编辑、会计、律师、摄影师

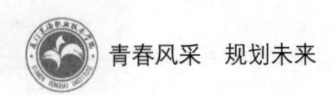

等）。就业人员的类型一般由非正规部门就业、生产组织管理及劳动关系运作。

三、含义不同

职业者一般是通过自己的脑力工作或提供服务。就业者是指在劳动时间、工作场所、收入报酬、劳动关系、保险福利等方面与传统就业方式不同的另一种就业形式。

第三节　国家与地方就业政策

帮助高校毕业生知晓政策、享受政策，更好地助力高校毕业生就业工作。

为深入贯彻落实党中央、国务院决策部署，充分吸纳高校毕业生宝贵的人才资源，稳就业促创业，助力福建省经济社会发展，经省政府同意，省人力资源和社会保障厅、教育厅、财政厅日前发布《促进2023年高校毕业生等青年就业创业十条措施》，全力促进高校毕业生等青年高质量充分就业。主要内容扫二维码：

为推动实施就业优先战略，落实各项就业创业扶持政策，规范就业补助资金管理，提高资金使用效益，财政部、人力资源社

会保障部对《就业补助资金管理办法》(财社〔2017〕164号)进行了修订。主要内容扫二维码:

人社部、教育部印发《关于积极稳妥做好高校毕业生档案转递接收工作的通知》。主要内容扫二维码:

为推动实现高校毕业生更加充分更高质量就业,福建省人力资源社会保障厅发布《关于开展促进高校毕业生就业创业十大专项行动的通知》,提出全面开展政策宣传落实行动、人社局长拓岗行动、返乡入村就业行动、创业创新扶持行动、实名就业服务行动、青年就业见习行动、就业技能提升行动、就业红娘帮扶行动、信息对接促进行动、就业权益保护行动,确保高校毕业生就业水平总体稳定。主要内容扫二维码:

厦门市人力资源和社会保障局 厦门市教育局 厦门市财政局关于印发《厦门市促进 2023 年高校毕业生等青年就业创业十条措施》的通知。主要内容扫二维码：

第二篇 就业系统填写及就业手续流程办理

第一节 就业系统填写方式指导

一、生源信息核对

在学生中心，找到【生源信息核对】，点击编辑可核对生源信息并进行补充。

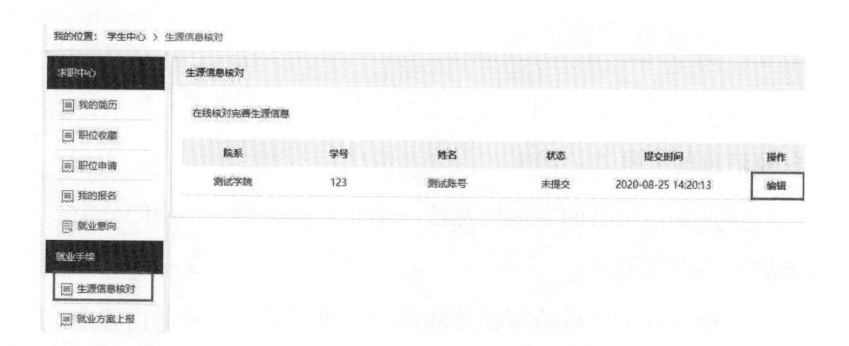

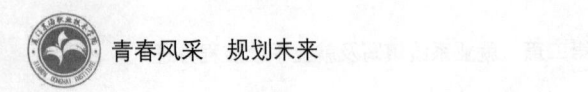

信息填写以后点击"暂存"或者"保存并送审"。"暂存"是将填写的数据保存起来，状态不变。"保存并送审"是填写的所有数据会提交给学院管理员进行审核，状态变为"院系待审核"。在数据未审核之前，学生还可以自行修改再保存，一旦审核通过，学生无法再做修改。

二、就业方案上报

在学生中心，找到"就业方案上报"，点击"编辑"可进行就业信息的上报。

学生根据自己的实际情况选择毕业去向分类，不同的分类需要填写的内容不同。

选择完分类以后填写相关的信息。将红色带星号的内容全部填写完成以后进行提交，等待管理员审核。

第二篇　就业系统填写及就业手续流程办理

我的位置：学生中心 > 就业方案上报

求职中心
- 我的简历
- 职位收藏
- 职位申请
- 我的报名
- 就业意向

就业手续
- 生源信息核对
- 就业方案上报

就业方案上报

院系	学号	姓名	状态	提交时间	操作
测试学院	123	测试账号	未提交		编辑

毕业去向登记

请选择正确的毕业去向分类

- 1、签就业协议形式就业
- 2、签劳动合同形式就业
- 3、自主创业
- 4、其它录用形式就业
- 5、升学
- 6、出国、出境
- 7、待就业

下一步

返回重新选择毕业去向

学号	1.
姓名	
所在院系	
所在专业	包装工程
所在班级	2015级
生源所在地	

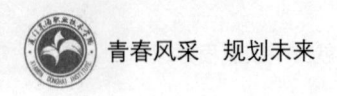

实际工作单位信息

* 专业是否对口 ◉是 ○否

* 月薪

* 更换单位次数

* 用人单位名称　　请输入正确的单位名称，注意错别字。

* 用人单位代码　　请填写18位的统一社会信用代码

* 用人单位性质名称　科研设计单位

* 单位行业类别名称　金融业　　请选择单位行业

* 单位所在地名称　北京市
　　　　　　　　　北京市市辖区
　　　　　　　　　北京市密云区

* 单位联系人

* 单位电话　　　　请填写正确的联系方式

* 工作职位类别　--请选择--　　请选择工作职位类别

联系人手机　请填写信息　　请填写正确的手机号

联系人传真　请填写信息

联系人电子邮箱　请填写信息

单位邮编　请填写信息　　请填写正确的邮编

单位地址　请填写信息

报到证编号　请填写信息

上传就业相关证明　[上传图片]

删除

第二节　就业手续流程办理

一、毕业生就业流程图

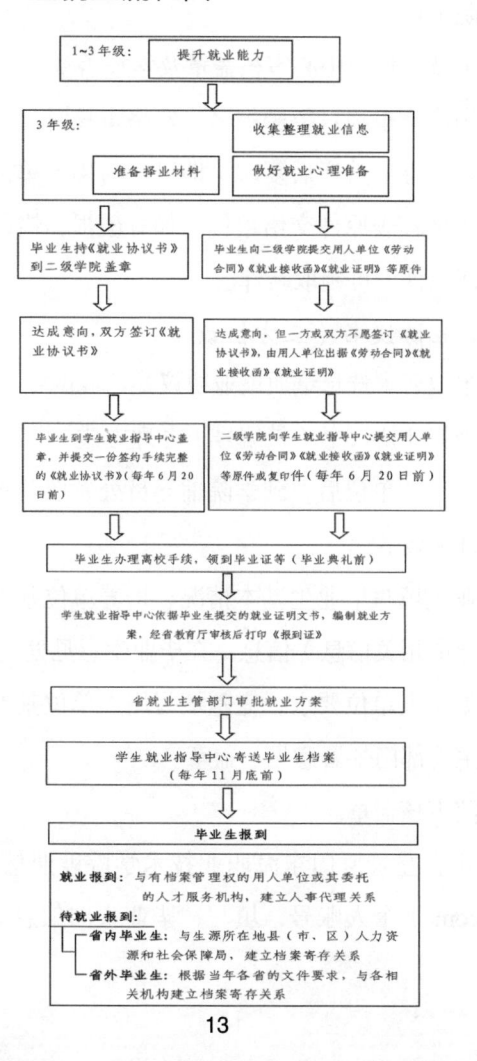

```
1~3年级：提升就业能力
      ↓
3年级：
  ┌─准备择业材料
  ├─收集整理就业信息
  └─做好就业心理准备
      ↓
┌──────────────────────┬──────────────────────┐
│毕业生持《就业协议书》│毕业生向二级学院提交用人单位《劳动│
│到二级学院盖章        │合同》《就业接收函》《就业证明》等原件│
└──────────────────────┴──────────────────────┘
      ↓                          ↓
达成意向，双方签订《就    达成意向，但一方或双方不愿签订《就业
业协议书》                协议书》，由用人单位出据《劳动合同》《就业
                          接收函》《就业证明》
      ↓                          ↓
毕业生到学生就业指导中心盖    二级学院向学生就业指导中心提交用人单
章，并提交一份签约手续完整    位《劳动合同》《就业接收函》《就业证明》
的《就业协议书》（每年6月20  等原件或复印件（每年6月20日前）
日前）
              ↓
毕业生办理离校手续，领到毕业证等（毕业典礼前）
              ↓
学生就业指导中心依据毕业生提交的就业证明文书，编制就业方
案，经省教育厅审核后打印《报到证》
              ↓
省就业主管部门审批就业方案
              ↓
学生就业指导中心寄送毕业生档案
（每年11月底前）
              ↓
        毕业生报到
  就业报到：与有档案管理权的用人单位或其委托
          的人才服务机构，建立人事代理关系
  待就业报到：
  ├─省内毕业生：与生源所在地县（市、区）人力资
  │           源和社会保障局，建立档案寄存关系
  └─省外毕业生：根据当年各省的文件要求，与各相
              关机构建立档案寄存关系
```

13

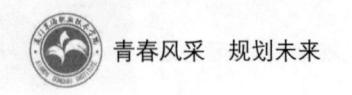

二、就业材料办理

（一）就业推荐表

（1）学院辅导员处领取。每人只可领取一份，复印件根据实际情况使用。

（2）填写完整。据实填写，不得涂改。

（3）学院审核盖章。

（4）学生就业指导中心审核盖章及学校盖章。

（5）使用注意事项：招聘报名、资格审核时，给用人单位查看原件，交复印件（盖章后复印）即可。与用人单位确定工作关系后，才可将推荐表原件交给单位。如有破损、错误需要重新领取的，须退回原件方可领取新件。

（二）就业协议书（三方协议）

可根据单位要求选择纸质就业协议签约或网签。

1. 纸质版就业协议书（带编号）办理方式

（1）确定工作单位后，到学院辅导员处领取。每人只可领取一份，复印件无效。

（2）毕业生填写毕业生基本情况、培养单位基本情况（联系人信息为辅导员相关信息）信息，在毕业生意见处签字。

（3）根据用人单位要求，完整填写用人单位基本情况。用人单位及上级主管部门签署意见、盖章。

（4）学院审核盖章。

（5）毕业生登录厦门东海职业技术学院就业信息网（https://xmdh.jysd.com/）个人账号，填写"毕业去向信息登记/签就业

协议书"栏目信息，尤其要详细填写档案转寄单位、地址、电话等信息，并上传就业协议书照片（单位盖章即可）。

（6）学生就业指导中心审核盖章。

2."全国高校毕业生毕业去向登记系统"网签

2024届及以后毕业生签约，可登录"全国高校毕业生毕业去向登记系统"（https://wq.ncss.cn/）发起网签。

为做好毕业生档案、户口转寄工作，网签后毕业生需登录厦门东海职业技术学院就业信息网（https://xmdh.jysd.com/）个人账号，填写"毕业去向信息登记/签就业协议书"栏目信息，并上传网签版就业协议书。

（三）取消就业报到证

根据《国务院办公厅关于进一步做好高校毕业生等青年就业创业工作的通知》（国办发〔2022〕13号），从2023年起，不再发放《全国普通高等学校本专科毕业生就业报到证》和《全国毕业研究生就业报到证》（以下统称就业报到证），取消就业报到证补办、改派手续，不再将就业报到证作为办理高校毕业生招聘录用、落户、档案接收转递等手续的必需材料。

（四）其他就业材料办理

毕业生根据用人单位要求自行准备相关材料，填写完整后交辅导员审核加盖学院公章，之后到学生就业指导中心或其他相关部门审核盖章。

二、毕业去向信息登记

应届毕业生确定毕业去向后（如签订就业协议书、签订劳动

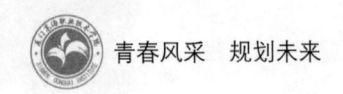

合同、升学已被录取、拿到出国留学通知书、确定自主创业、自由职业等），需登记毕业去向及档案、户口转寄信息。

（1）毕业生在厦门东海职业技术学院就业信息网（https：//xmdh.jysd.com/）登录个人账号。

（2）在"毕业去向信息登记"栏目找到相应毕业去向，提交就业相关信息及档案、户口转寄信息，并上传相关证明材料。

（3）学院审核毕业生信息。

（4）学生就业指导中心审核毕业生信息。

信息填报后，如果去向情况发生变化，毕业生可点击原信息填报页面下方的"申请退回"，申请退回填报的就业信息，学校审核通过后，可以重新填报去向信息。

三、档案转寄

应届毕业生，毕业当年 7 月底集中统一转档，之前不转档。

往届毕业生，档案已经派回生源地毕业生就业主管部门或工作单位的，从当前档案管理部门直接调档。

四、党组织关系转递

设立党支部的学院，毕业生联系党支部开具党员组织关系介绍信后，联系学校党委组织部办理党组织关系转递手续。

第三篇　校友就业与创业典型

为了充分展示学校毕业生在各行业领域的风采，进一步宣传优秀毕业生的成功经验，鼓励在校学生向优秀校友学习，特征集、展示近年毕业生就业、创业事迹资料。

第一节　校友就业典型

▶ **典型 1**

大学生献身国防参军之路

商学院 2014 级金融管理　黄宇巍

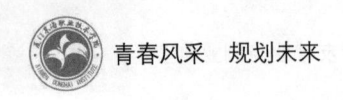

一、校园生活的回顾

大学的生活是自由的，任何的事物都可以去做去尝试。大一应该是最富有激情和活力的时刻，大二不再那么新鲜，大三是等待的日子。大学除了平日里的课程外，课外活动也是很好的机会，去交流，去取长补短，去大胆展现自己，推销自己。在校时，我积极参与各项活动并取得了一些小的成就：舞台上，我是"校园十佳歌手"；在户外，我是"素质拓展优秀学员"；在军训中，我亦是"优秀标兵"。这些是我大学生涯的重要组成部分，是人生中值得珍藏的美好回忆。

二、工作经历回顾

2017年6月离开学院后我响应地方武装部号召报名参军，经过两个月的体检和重重挑选我成为中国人民解放军的一员。

2017年9月初入部队的我度过了3个月的新兵训练，这让我明白了很多的道理，部队里总是下口令看齐，不仅仅是身体看齐，思想也应该向党向核心看齐。3月，我在陆第一综合训练基地参加了装甲装备维修集训，装备是战士的第二生命，是国家的重要财产，我深知这一技能的重要性。在课余我自己主动提升训练难度，时常学习专业理论到深夜。宝剑锋从磨砺出，梅花香自苦寒来。五个月后我顺利地从基地毕业。

服役期间，我始终保持积极的工作态度，刻苦训练，认真落实条令条例，遵规守纪，保持艰苦朴素的优良作风。

三、今后打算

经过一年的训练和学习，我更加坚定了理想信念。当兵一直

是我的梦想，我感到光荣的同时也知道肩上沉甸甸的责任。下一步我要更加刻苦训练，把技能练成本能，所掌握的专业知识弄懂学精。此外，我还要努力学习文化知识，争取考学成功，成为国家的栋梁之材。

▶ **典型 2**

人生际遇无常，但须时刻准备

信息工程学院 2015 级应用电子技术　柴阔

我叫柴阔，是厦门东海学院 2015 级应用电子技术专业毕业生，2017 年 12 月加入中国共产党，在校期间曾担任班长、院团总支宣传部部长及文学社副社长，2018 年正式参加工作，于世界五百强的国有企业——江铜集团物流公司从事汽车维修工作。

一、大学，梦开始的地方

还记得那年离开家乡去厦门，第一次步入大学的校门，我告诉自己，接下来的几年，你一定不能浑浑噩噩地过。我满怀一腔热情，尽管当时还不成熟，没有太明确的方向，但作为学生，好好学习总不会错。

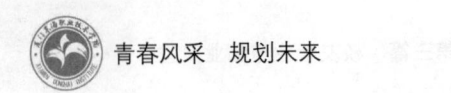

于是在接下来的三年里，我的成绩一直在我们专业名列前茅，曾先后获得校一等、特等奖学金。其间我渐渐了解到，实践以及各种活动也能更好地充实自己，于是我毅然决然地成为学生干部，还荣获"优秀学生干部"称号。

在老师和学长学姐们的帮助下，我成长得十分迅速，我仿佛一块海绵般，疯狂地吸收着各种知识和经验，积累技能本领，使自己不断强大起来。

在学生干部生涯中，我养成了在做任何事情前，都做好充分准备的习惯。如演讲、竞选前，我会找个安静的地方，把稿子记得滚瓜烂熟；举办晚会活动前，我会想好可能出现的各种突发情况以及解决方案。

准备，说起来似乎是再正常不过的事了，可并非每个人都会去做。而历史的经验证明，但凡懂得做准备的人，无论在任何领域，都必然能取得一番成就。

有人说，计划总赶不上变化快，做再多准备其实也没什么用，反而杞人忧天，倒不如届时随机应变。这一点，是有一定道理的。临场应变能力的确很重要，但是我也相信，纵然人生际遇无常，我们脚踏实地走好每一步，做好每一次准备，实则都是在降低未来遇到不可挽回的严重后果的概率。大学，是唯一一个允许你犯错，还会有人耐心指导你改正的地方，也是梦想茁壮成长的摇篮。

二、准备，使工作不因学历而错过

如果说为演讲做准备需要的时间是几天，活动需要几个月，

那么我们为毕业找工作做准备的时间,是三年。也就是说,其实从我刚踏入大学校园,就已经在做准备了。当时,对于此我也是后知后觉。

说说我获得现在这份工作的经历吧。当时是大三下半学期,即将毕业,同学们都在忙着找出路,我在家人的建议和自己深思考量后,最终决定回到家乡。江铜集团是家里这边有名的世界级大型国企,我对进入其中其实也不抱希望,即使应聘的是汽车维修电工。

当时我把简历递给面试官,他接过去也没有立马翻看,先问了句:"什么学历啊?"我回答:"大专。"尽管我语气很平和,让自己不因学历而显得"低人一等",但说完我的心情也十分忐忑。我很清楚,学历终归是块敲门砖,所有的五百强企业都说他们不看学历,只看能力,但实际上,他们不会去专科学校招聘。没有一定层次的学历,就连进公司让他看到的资格都没有,还怎么表现能力。

就只见面试官摇摇头说:"专科啊,我们不怎么收的。"这意思其实很明显了,但我还是没有马上走,因为我不甘心啊,这么失败地离开,仅仅因为学历,三年来的努力就都得不到认可吗?

面试官也不说话了,漫不经心地翻开我的简历看了看,看了我一眼,又仔细看了看简历,再看向我时神情颇感意外,问道:"你还是预备党员呢?"我笑着说是。面试官接着看说:"喔,在学校表现很优秀啊,专业学得不错,也是机电方面的。"最后手一挥:"行吧,你回去等结果吧。"

接下来,我便顺利地和江铜签订了就业协议。事后想想,觉

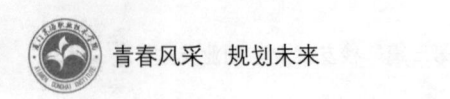

得人生的确是有"因果"吧。如果三年前，我没有这么努力地想丰富充实自己，为将来找工作做准备，而是得过且过，那或许我真的就因为学历而被刷掉了。能帮助自己的，其实就是自己，所以帮助了我的，是三年前那份为三年后自己做准备的心。

三、今后的打算

刚刚工作两月余，新的环境相比于校园更为复杂，我需要更加用心去对待、去准备、去迎接各种接踵而至的挑战，完成任务。我也有信心，在接下来的工作当中，学好技术，取得出色的成绩。而且有机会，一定要继续学习，提升学历层次。

人生际遇无常，但须时刻准备！

▶ **典型 3**

翱翔蓝天 放飞梦想

航空旅游学院 2015 级空中乘务　唐淑源

我叫唐淑源，是厦门东海职业技术学院 2015 级空中乘务专业毕业生，目前就职于东海航空有限公司。2016 年 11 月通过面试终审；2016 年 12 月 12 日在昆明飞安进行初始培训；2017 年 5

月 14 日开始执行航班，现已飞行近 1200 小时。

在校期间热爱集体，我团结同学，积极承担社会工作，热心为同学服务，工作积极主动、认真负责，具有较强的组织管理能力和创新意识，工作成绩优异，为学校、院系和班级工作作出了自己的贡献。在工作单位谦虚学习，努力上进，得到了各级领导的认可。

"做事由始至终，尽忠职守，不求完美，但求最好"，这就是我经常用来激励自己的一句话。为了完美地演绎这句话的深刻内涵，每一天我都和我的姐妹们，在一次次航班任务中挥洒着青春的汗水，来对曾经的理想和东海航空企业文化理念做出自己最直白、最深刻的理解和表达。今后我一定还会凭借一贯的工作态度，以及敢于尝试、敢于挑战的冲劲，在蓝天上飞得更高、更远。

第二节 校友创业典型

▶ **典型 1**

匠人匠心，树立和创造行业标杆

商学院 2009 级物流管理　刘佳明

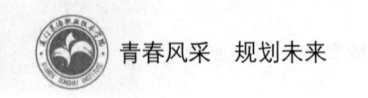

一、个人简介

刘佳明，男，汉族，中共党员，1990年5月出生，福建平和人。2012年毕业参加工作；2013年创立厦门柏利雅设计装饰工程有限公司（简称柏利雅公司），并担任企业法人代表和总经理；2015年成为厦门设计师协会会员；2016年成为厦门东海职业技术学院创业导师；2016年成为厦门建筑装饰协会会员；2016年创立厦门岚茗阁茶叶商贸公司；2017年担任同安区工商联（商会）理事；2018年创建厦门无醛超人科技环保有限公司。

二、在大学期间的"修炼

2009年在厦门东海学院学习的时候，一门叫做"大学生职业生涯规划"的课程让我开始规划未来的职业道路。课程老师是吕芳，那时候我目标是成为一家企业的老板，从此"当老板"的种子在我心里生根发芽。我知道这个目标一点都不简单，不管是专业能力还是综合能力都是需要提升的，所以在大学期间我努力学习，确保学习成绩优秀。我也积极参与到学校各类活动当中，希望通过这些活动提高我的综合能力。在2009年至2012年期间，我担任班级文艺委员、广播站播音部部长，先后荣获"优秀团员""优秀团干""精神文明建设者""十佳歌手""闽南语歌手""优秀辩手"等称号。那时候我坚信，创业之前，我必须让自己足够优秀！

（一）努力减小梦想和现实的差距

2013年我从盛辉集团辞职，开始从事室内建筑装饰工作，在这段时间我看到了装饰市场的巨大潜力和我们公司存在的许多不

足，可惜当时公司负责人并没有接受我的改革计划，最终我离开公司走上自己创业道路。

创业初期需要解决很多问题，如资金来源、办公地点、人员设备等等。我创业之初，身上仅有不到 1600 元，这段时间上顿不接下顿，最艰苦的时候，第二天买菜的钱在哪里都不知道，没想到这笔钱竟让我坚持了半年，公司才开始有业绩，原来梦想和现实如此遥远。记得 2015 年清明节那天，工地防盗门没有交接好，导致防盗门没有办法安装，工地电子设备、电线一大堆。为了员工安全，也为了让客户放心，我在荒山野岭的别墅工地地板上睡了两个晚上。半年时间呕心沥血，努力开拓市场业绩，重新定位公司发展目标，建设基本公司规章制度，这半年我从创业低谷走向梦想舞台，新篇章从此开始了！

（二）拓展知识，躬身力行

"如果你对自己的产品不了解，那你怎么去为客户服务？客户会信任你吗？"我自己是物流管理专业毕业，并没有掌握室内建筑的施工标准知识。无论春夏秋冬，作为公司负责人，我都会带头到工地学习，和基础一线工人探讨施工规范标准和注意事项。其间我获得了丰富的室内建筑知识，带着客户参观自己的样板工程，让客户了解自己的产品。在这过程当中客户非常认可公司的施工标准、设计水平和我的专业能力，真正做到了把一个工地树立成为一个样板！

（三）匠人匠心，感恩母校

2016 年，我创立的柏利雅公司发展稳定，业绩以每年 80% 以上的速度在增长，创造大学生跨行创业非常突出的业绩。我提出在稳定业绩的同时提高工地施工工艺，倡导"匠人匠心"的服务理念，提出"质量是生命，设计是灵魂"的企业生存理念，并积极培训基础工人科学规范操作。在2016年下半年，我被聘请为母校创业导师，终于有机会把自己的创业经验分享给想创业的同学。

（四）不忘初心，方得始终

有一个梦想不容易，2018年，我距离梦想越来越近，我筹建了一家全新的科技环保公司，让建筑装饰配套更加完善，服务更加到位。相信我在建材行业会越来越好！感恩母校教会我的一切，我将在这条路上越走越远！不要随意说不行，这可能是退步的借口，希望我能给有梦想的人带去一份正能量。有梦想、肯付出的人，一定会成功。

▶ **典型2**

我的创业之路

传媒与艺术学院 2015 级会展艺术设计　蔡慧娟

回想起过去的几个月，从身上揣着 1000 元不知道要干什么，到现在的月入几千；从刚开始的什么都不懂，到懵懵懂懂地开起

了网店。走到了现在，其中的艰苦与坚持，不足为外人道。

几个月前，拿着1000元左右，我感觉一片迷茫，找不到方向的感觉非常难受，时间就这样一点点地流逝。一次网上充话费的经历仿佛灵光一闪，我知道我人生的一次机会来了。

刚开始做的时候，我的心里也是非常没底，想着自己到底能不能赚到钱。看着淘宝上铺天盖地的各种店铺，听着周围的人一次又一次地泼冷水，说真的，也曾想过放弃。但是转头一想，别人都能做起来，我怎么就不行？既然网店都开起来了，就要好好地把它做好。

现在想想，真是庆幸当时能够坚持下来，才有了我现在的成绩。而我也在这一路的坚持中，学到了赚钱以外的更多对自己有益的东西。

有很多人说，你成功了，赚到了钱，是因为运气好，因为创业早，真的是这样吗？

当说这些话的时候，你的朋友可能也刚开了网店，等到你朋友成功的时候，你又会后悔当初没有和朋友一起开网店。创业是没有先后的，只要能把握住在眼前的每一个机会，加上自己的努力，成功的几率就会变大。

有些人会问，为什么你赚到了钱，而我却赚不到呢？这个问题，你应该去问自己，当别人辛辛苦苦地在网上做宣传，在写帖子的时候，你在哪里呢？在网吧上网？和朋友在KTV？当别人绞尽脑汁地思考要怎么装修店铺，怎么改宝贝描述的时候，你在做什么？在玩英雄联盟？相信自己，只要有付出，就会有收获。还有那些正在努力的朋友，我要告诉他们，一定要坚持下去，不

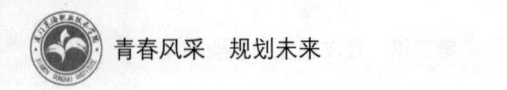

要放弃，或许在下一刻，你就会收获成功。永远不要去怨天尤人，要坚信，努力一定会有收获。失败了，说明你不够努力。永远记得，20%的人成功，80%的人失败；20%的人坚持，80%的人放弃。

开了一段时间的网店，有了这些经验，写下来与大家共勉。

第四篇　学校就业推荐模式及地方基层就业项目

为了更好地助力毕业生，在自主性择业过程，提供良好求职平台，为毕业生提供更加充分的就业岗位，让毕业生及时了解企业单位需求。

第一节　学校就业推荐模式

学校推送毕业生就业主要从三个方面进行：

（1）学校就业信息平台。学校结合"互联网+"模式，结合已有资源，强化学校就业信息平台。让毕业生都在学校就业信息平台注册账号，结合每一个毕业生特性为学生推送有针对性的就业岗位，从而做到"人岗匹配"，让用人单位发布岗位不虚发。另外，举办综合性的线上招聘活动，组织毕业生线上参加，邀请本地企业和外地企业参加，让毕业生与企业有互动平台。

（2）学校通过举办专场线下宣讲会，组织相关专业毕业生到

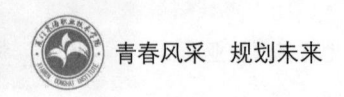

现场与企业见面互动，让学生更加了解企业。通过举办线下综合大型招聘会，让毕业生到现场感受招聘单位影响力，让毕业生与企业面对面进行初步了解。

（3）学校在毕业生离校后，有针对性地邀请离校未就业毕业生到与专业相关的企业去参观学习，组织他们现场与用人单位进行交流，了解一些岗位相关工作，让未就业毕业生提前了解就业岗位的性质以及工作职责等，了解工作的环境，从而达到就业目的。

第二节　地方基层就业项目

一、高校毕业生"三支一扶"计划

1. 政策内容

面向省内全日制普通高校毕业生、省外全日制普通高校福建生源毕业生（不含成人教育培养类别等非本专科全日制高校毕业生），每年统一招募约 1000 名高校毕业生，安排到纳入县级基本财力保障范围的县（市、区）乡（镇）从事支教、支农、支医和帮扶乡村振兴工作，服务期限为 2 年。服务期间按月发放生活补贴，统一办理基本养老保险、基本医疗保险、失业保险、工伤保险、生育保险及人身意外伤害保险，发放一次性安家费补贴，享受国家助学贷款代偿资助。服务期满考核合格的，颁发《福建省高校毕业生服务基层项目证书》，享受报考机关事业单位专门岗（职）位、事业单位笔试成绩加分、报考全国普通高校硕士研究生初试加分等优惠政策。

2. 办理渠道

符合招募条件的高校毕业生，在规定期限内登录"福建省毕业生就业创业公共服务网"（网址：http：// 220.160.52.58/），通过"个人注册"生成的账号、密码登录服务平台查询政策并报名。

二、大学生志愿服务乡村振兴计划

1. 政策内容

面向省内全日制普通高校、省外全日制普通高校福建生源应届高校毕业生，近年来未就业高校毕业生及家庭经济困难、就业困难毕业生（不含成人教育培养类别等非本专科全日制高校毕业生），每年招募约300名大学生志愿者到我省三明、南平、龙岩和宁德等欠发达地区纳入县级基本财力保障范围的县（市、区）的乡镇开展为期2年的基础教育、农业科技、医疗卫生、基层青年工作、基层社会管理等方面的志愿服务。服务期间，按月发放生活补贴，统一办理社会保险和人身意外伤害保险。到纳入县级基本财力保障范围的县（市、区）的乡（镇）参加志愿服务乡村振兴计划的高校毕业生，其在校期间的国家助学贷款本息，由服务县（市、区）财政按每年2000元代为偿还。服务期满后自主择业。服务期满考核合格的，颁发《福建省高校毕业生服务基层项目证书》，享受报考机关事业单位专门岗（职）位、事业单位笔试成绩加分，报考全国普通高校硕士研究生初试加分等优惠政策。

2.办理渠道

符合招募条件的高校毕业生，在规定期限内登录"福建省毕业生就业创业公共服务网"（网址：http：// 220.160.52.58/），通过"个人注册"生成的账号、密码登录服务平台查询政策并报名。

三、高校毕业生服务社区计划

1.政策内容

面向省内全日制普通高校、省外全日制普通高校福建生源应届高校毕业生和近年来未就业高校毕业生（不含成人教育培养类别等非本专科全日制高校毕业生），每年招募约300名，安排到纳入县级基本财力保障范围的县（市、区）的城市社区从事社区建设工作，服务期限为2年。服务期间，按月发放生活补贴，统一办理社会保险和人身意外伤害保险。服务期满后自主择业。服务期满考核合格的，颁发《福建省高校毕业生服务基层项目证书》，享受报考机关事业单位专门岗（职）位、事业单位笔试成绩加分等政策待遇。

2.办理渠道

各级民政部门

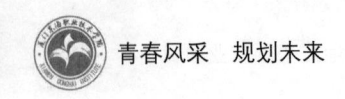

四、大学生志愿服务西部计划

1.政策内容

面向普通高等学校应届毕业生或在读研究生招募，服务内容分为基础教育、服务三农、医疗卫生、基层青年工作、基层社会管理、服务新疆、服务西藏等7个专项，服务期为1至3年，服

务协议一年一签。招募上岗后，可享受相应的物资补助。服务期满且考核合格的，可在考研、学费代偿、公务员及事业单位考录（聘）等方面享受优惠政策。

2. 办理渠道

通过微信公众号"西部志愿汇"菜单栏中的"我要报名"或登录西部计划官网（http://xibu.youth.cn），在西部计划报名系统中注册报名。相关事宜可咨询福建省西部计划项目办（0591-87719872）。

五、鼓励到基层机关事业单位就业

（1）编制政策和编制标准适当向基层机关事业单位倾斜，原省级扶贫开发工作重点县可拿出乡（镇）招考公务员职位的60%面向本县户籍或在本县长期生活的高校毕业生招考，放宽报考条件，一般不限专业要求。县级及以下机关和省垂直管理系统在县（市、区）的机关单位公开招考，不得在工作经历方面设置门槛。原省级扶贫开发工作重点县乡镇职位可适当降低开考比例，并在划定最低合格分数线时予以政策倾斜。

（2）实施高校毕业生到县乡农技推广机构就业计划，招聘涉农专业高校毕业生充实到有空编的县乡两级农技推广机构工作。

（3）实施乡村教师支持计划，落实乡村教师补贴。

（4）对到原省级扶贫开发工作重点县机关事业单位就业的高校毕业生，试用期可直接按试用期满后工资确定。

（5）落实对乡镇机关事业单位工作人员实行的工作补贴政策，并向条件艰苦的偏远乡镇和长期在乡镇工作的人员倾斜。

（6）支持将基层紧缺急需人才需求列入我省年度紧缺急需人才引进指导目录，鼓励用人单位优先吸纳高校毕业生就业。三明市、南平市、龙岩市、宁德市、平潭综合实验区和原省级扶贫开发工作重点县引进符合目录条件的人才，引进人才按规定享受生活津贴等待遇。

（7）在干部人才选拔任用机制上，进一步强化基层工作经历的政策导向，向在基层工作的优秀高校毕业生倾斜。省和设区市机关录用公务员，除特殊职位外，按照有关规定一律从具有2年以上基层工作经历人员中选拔。省级机关每年面向同时具有2年以上基层工作经历和2年以上公务员工作经历的公务员进行公开遴选。省、设区市所属事业单位面向社会公开招聘时，应拿出一定数量岗位公开招聘有基层事业单位工作经历的人员。重点选拔一批在基层工作10年左右、工作实绩突出、群众公认的优秀高校毕业生到省和设区市机关工作。

六、鼓励到城乡社区就业

（1）畅通高校毕业生到城乡社区就业创业的渠道。城乡社区工作者空缺岗位优先招用高校毕业生，或拿出一定数量岗位专门招用高校毕业生。加强"五社联动"机制建设，鼓励社区社会组织为高校毕业生提供和开发更多的就业岗位。

（2）强化高校毕业生到城乡社区就业创业保障。支持城乡社区服务机构（含社区服务类企业、社会组织等）发展，创造更多岗位吸纳高校毕业生就业。加强城乡社区就业高校毕业生培养使用，将到城乡社区就业创业的高校毕业生纳入当地人才政策扶持

范围，加大从优秀城乡社区工作者中招录（聘）公务员或事业单位工作人员特别是街道（乡镇）干部力度。

七、基层公共管理和社会服务岗位就业

开发一批行政村、社区基层公共管理和社会服务岗位，吸纳毕业生到城乡基层就业，助力乡村振兴和城乡社区治理。对到乡镇（街道）、村（社区）专职从事公共管理和社会服务的高校毕业生，要参照同岗位事业单位从高校毕业生中新聘用人员工资收入水平合理确定其薪资待遇。

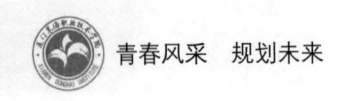

第五篇　创业政策与指导

第一节　创业政策解析

一、经营场所条件放宽

放宽经营场所条件，除高校毕业生申请入住的公共租赁住房和未取得完全产权经济适用房外，高校毕业生自主创业设立的企业按照规定可以将家庭住所、租借房、其他商业用房，以及地方政府、开发区、投资区、高新技术园区确定的办公集中区的"格子间"等作为企业住所或者经营场所登记。

高校毕业生从事个体经营，且在工商部门注册登记日期在其毕业后两年以内的，自其在工商部门注册登记之日起三年内免交有关登记类、管理类和证照类费用。

在毕业年度以内的高校毕业生，持有《就业失业登记证》并从事个体经营的，可直接到创业所在地地方税务部门的办税服务厅窗口依法申请减免税。

二、可获资金支持

省政府每年安排500万元，用于高校毕业生创业启动扶持。高校毕业生申请启动项目启动资金的，经评审每项可在10万元以内给予启动资金扶持。各市级财政每年也要安排专项资金，扶持高校毕业生创业项目。

高校毕业生自主创业自筹资金不足的，可在创业地按现行规定申请小额担保贷款以及其他形式小额贷款贴息。高校毕业生申请小额担保贷款（或申请贴息的其他形式小额担保贷款），额度最高不超过10万元，对合伙经营和组织起来就业的，可根据实际需要适当提高贷款额度。

高校毕业生首次创业，领取工商营业执照或申请其他经营资质，且正常纳税经营6个月以上的，由纳税所在地财政给予每户一定数额的一次性开业补贴。

高校毕业生自主创业招用其他人员，并按规定缴纳社会保险费满一年以上的，可按实际招用人数申请一次性创业带动就业奖励。

三、免费享用办公场地

我省将设立大学生创业孵化基地，优先为高校毕业生创作者提供办公经营所需场地和相关创业后续服务。

高校毕业生自主创业企业入驻各级政府建设管理的高校毕业生创业园或孵化基地的，三年内由园区或基地免费提供50平方米以内的办公经营场所；在园区或基地外租赁房用于创业的，由纳税所在地财政对场所租金给予适当补助。

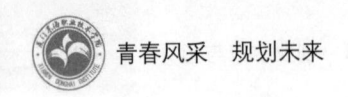

对于在创业地没有家庭住房的创业高校毕业生，可按当地规定的准入条件申请人才公寓等公共租赁住房。具有博士学位的创业高校毕业生，可按规定申请购买人才限价房。

四、创业培训补贴

参加创业培训并取得创业培训合格证书的，各地按规定给予培训补贴。

五、一次性创业补贴

对首次创办小微企业或从事个体经营并正常经营6个月以上的毕业5年内大中专院校（含技校）毕业生，可给予最高不超过10000元的一次性创业补贴。

六、社会保险补贴

毕业5年内高校毕业生在闽自主创业，本人及其招收的应届高校毕业生（包括毕业学年高校毕业生及按发证时间计算，获得毕业证书起12个月以内的高校毕业生）可同等享受用人单位招收就业困难人员社会保险补贴政策。

七、创业省级资助项目

项目申报人须同时符合以下条件：

（1）申报人包括两类群体：①省内全日制普通大中专院校和省外全日制普通大中专院校（福建生源）在校生；②毕业五年内在闽创业的全日制普通大中专毕业生（含香港、澳门、台湾高校

毕业生及在国外接受高等教育的留学回国毕业生，上述群体须提供教育部留服认证相关材料）。

（2）申报人已在福建省行政区域内创办独资、合资、合伙企业以及民办非企业单位、农民专业合作社、个体工商户等创业实体，并为该申报项目（企业、民办非企业单位等）法定代表人或（个体工商户等）经营者。

（3）申报人在创业企业或实体中认缴出资比例不低于30%。申报项目经资格审核、书面评审、实地考察和现场答辩等评审流程并入围的，给予3万~10万元创业资金扶持。

八、初创企业经营者能力提升资助

鼓励各地与高校、知名培训机构合作，举办初创企业经营能力提升班。支持各地每年资助一批有发展潜力的初创企业经营者，参加进修学习或交流考察，按每人最高1万元标准给予补助。

九、创业带动就业补贴

对初创三年内的小微企业、个体工商户吸纳就业的（签订1年以上期限劳动合同并缴纳社会保险费），可按人数给予每人不超过1000元、总额不超过3万元的创业带动就业补贴。

十、创业税费减免

毕业年度内高校毕业生从事个体经营的，自办理个体工商户登记当月起，在3年（36个月）内按每户每年24000元为限额依

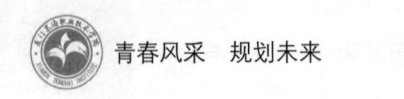

次扣减其当年实际应缴纳的增值税、城市维护建设税、教育费附加、地方教育附加和个人所得税。

十一、支持返乡入乡创业

（1）支持高校毕业生返乡入乡参与农村电商、乡村旅游、新媒体运营等领域创业，创办领办家庭农场、专业合作社等，符合条件的优先给予贷款贴息、场地安排、资金补贴等政策支持，优先纳入农业生产经营人才、农村创业创新带头人、农村电商人才等培养计划，优先纳入村级后备干部培养并积极吸纳进入党组织。

（2）对高校毕业生在省内乡镇以下（含乡镇）创办创业主体，正常经营6个月以上的（含6个月），有条件的地方可在场租、水、电、气等费用以及高校毕业生创业生活方面给予适当补贴。

十二、创业担保贷款

符合创业担保贷款申请条件的大中专院校（含技校）在校生及毕业5年内的毕业生贷款额度最高30万元。小微企业当年新招用符合创业担保贷款申请条件的人员数量达到企业现有在职职工人数15%（超过100人的企业达到8%）并与其签订1年以上劳动合同的，可申请最高300万元的创业担保贷款。将符合条件的创业孵化基地运营主体纳入小微企业创业担保贷款对象范围。

十三、创业项目落地补贴

对获得国家级创业创新大赛金、银、铜奖（或前三名相当奖项）并在闽落地发展6个月以上（含6个月）的创业项目，有条

件的地方可给予不超过 30 万元的创业项目落地补贴，所需资金可从创业支持资金列支。

十四、创业孵化服务

鼓励高校、科研院所、企业、创业投资机构和各类社会组织等，利用现有房屋和闲置厂房等兴办创业孵化基地、创业大本营、众创空间等各类创业孵化载体，为创业者提供低成本场地支持、指导服务和政策扶持。各地根据入驻实体数量、孵化效果和带动就业成效，对各类创业孵化载体按规定给予一定奖补。对获评省级示范基地的，给予 50 万元补助；获评国家级基地的，按照中央标准予以补助，中央没有标准的，给予 80 万元补助。政府投资开发的创业载体要安排不少于 30% 的场地，免费向创业毕业生提供。

十五、创业安居保障

支持各地统筹商品住房、市场租赁住房等社会资源和人才公寓、公共租赁住房、保障性租赁住房、共有产权住房等公共产品，多渠道解决高校毕业生创业居住需求。有条件的地方可为在创业地无自有住房的创业高校毕业生发放一定数额的租房补贴。

第二节 创业项目指导

一、背景介绍

近年来，我国大学生创业热潮逐渐兴起，越来越多的大学生

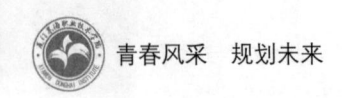

选择自主创业。然而，由于缺乏相关的经验和指导，一些大学生在创业初期面临着种种困难和挑战。因此，为了促进大学生的创业发展，我校提供创业指导方案。

二、培养创业意识

在课程中注入创业元素，加强对学生创业意识的培养。通过开设创业相关课程，引导学生了解创业的基本知识和技能，培养他们的创新意识和创业精神。

三、提供创业资源

学校将设立创业孵化基地，提供场地和设备，以及专业的导师指导。帮助学生通过实际操作来了解创业过程，并提供一定的资源支持。

四、开展创业讲座和活动

学校会邀请成功的创业者和行业专家开展创业讲座和座谈会，分享他们的创业经验和心得。此外，学校还会举办创业比赛活动，为学生提供展示自己创业项目的机会。

五、校企合作模式

学校长期与企业合作，为学生提供实习和创业实践的机会。通过与企业的深度合作，学校还可以为学生提供创业项目的资源支持和市场渠道的拓展，提高学生的创业成功率。

六、开设创业导师制度

学校建有创业导师制度，为有创业意愿的学生配备专业的导师。导师可以提供创业方面的指导，整合资源和分享经验，帮助学生规划创业道路，降低创业风险。

第三节 创业典型做法

最易创业成功的方式有网络创业、加盟创业、兼职创业、团队创业、大赛创业、概念创业、内部创业等七种方式。创业是新颖的、创新的、灵活的、有活力的、有创造性的，以及能承担风险的。发现并把握机遇只是创业的重要部分，创业是指创造价值，创建并经营一家新的营利型企业的过程，具体来说，是通过个人或一个群体投资组建公司，来提供新产品或服务，以及有意识地创造价值的过程。这种价值的创造需要投入必要的时间，付出一定的努力，承担相应的经济、心理和社会风险，并能在金钱上和个人成就感方面得到回报。当前常见的创业方式主要有以下几种。

一、网络创业

现在的网络发达，可以利用网络资源，选择网上开店或者网上加盟，通过网站的货源和销售渠道，更好地发展经营。

二、加盟创业

现在很多店铺都是加盟成立的，总部一般会在经营、管理、人员、商品等多方面对加盟店铺进行帮助，是比较省心省力的创

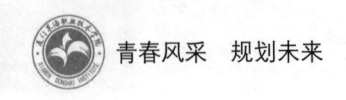

业方式。

三、兼职创业

在工作之余可以选择兼职创业，比如现在的教师、培训师可兼职培训顾问；业务员可兼职代理其他产品销售；设计师可自己开设工作室，不同职业可以有着不同的兼职选择。

四、团队创业

一个由研发、技术、市场融资等各方面组成的互补的创业团队，可以更好地走向成功。对于很多企业来说，互补性团队创业是很好的选择，可以丰富产品线。

五、大赛创业

创业者还可以通过各种商业创业大赛，获得资金，找到平台。现在有很多企业都是从商业竞赛中脱颖而出的，所以，通过竞赛创业也是不错的方式。

六、概念创业

可以通过创意、点子、想法去创业。但是这些创业概念必须标新立异，这样才能抢占市场先机，才能吸引风险投资商的眼球。

七、内部创业

在企业中，一些有创业意向的员工在企业的支持下，承担企业内部某些业务或项目，并与企业分享成果的创业模式，这样可以有更好的资源去支持创业发展。

我校最典型的创业做法就是通过大赛创业，例如：

我校 2021 届毕业生创业项目"康年舍'蛛网'建设养老机构"荣获第六届福建省"互联网+"大学生创新创业大赛铜奖；

我校 2018 届毕业生创业项目"关注民生健康需求的'养生＋教育、循环发展体系"，获 2020 年厦门市大学生创新创业大赛优秀奖。

我校 2019 届软件技术专业姜志华的"戏之邦"项目入驻厦门东港孵化基地。

创新创业大赛不仅提升了大学生的科研创新能力和团队意识，还培养了学生的就业和创业能力。

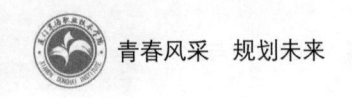

第六篇　征兵政策与就业

第一节　应征入伍政策解析

大学生参军入伍的优待政策有哪些？

可以用三句话概括：入伍有优待；服役有发展；退役有保障。

一、国家鼓励大学生应征入伍服义务兵役，这里的"大学生"如何界定

指根据国家有关规定批准设立、实施高等学历教育的全日制公办普通高等学校、民办普通高等学校和独立学院，按照国家招生规定录取的全日制普通本科生、专科（含高职）生、研究生、第二学士学位的应（往）届毕业生、在校生和已被普通高校录取但未报到入学的学生。

二、保留学籍、保留劳动关系

应征入伍服义务兵役前正在高校就读的学生（含新生），服役期间按国家有关规定保留学籍或入学资格，退役后2年内允许

复学或入学。大学毕业生入伍前是机关、团体、事业单位或者国有企业工作人员的，退出现役后可以选择复职复工。

三、大学生应征入伍服义务兵役，是否有专业限制

大学生应征入伍服义务兵役，没有专业限制，符合政治、身体、年龄、文化条件的都可以报名应征。

四、已经和工作单位签约，现在又想应征入伍，是否属违约

高校毕业生应征入伍需要变更就业协议，不属于违约。依法参军服兵役，是每个公民应尽的光荣义务和权利，受国家法律和政策的保护，用人单位要依照《中华人民共和国宪法》《中华人民共和国兵役法》等规定，支持本单位员工依法服兵役，并落实他们退役后的安置工作。高校毕业生要和用人单位及时沟通协商，共同做好工作安排。

五、放宽征集年龄

《中华人民共和国兵役法》明确，普通高等学校毕业生的征集年龄可以放宽至24周岁，研究生的征集年龄可以放宽至26周岁。一年两征以来，女兵征集通知明确，当年上半年征集的前一年度普通高等学校全日制本专科应届毕业生年龄放宽至23周岁。

六、优先征集入伍

入伍大学生享受优先报名应征、优先体检政考、优先审批定兵、优先安排使用"四个优先"政策。从2018年开始，福建省

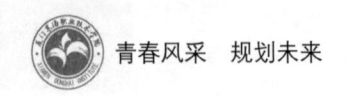

还实行了大学毕业生优先满足服役兵种去向意愿的政策，有效激发了大学生特别是大学毕业生的参军热情。

七、保留入学资格（学籍）

教育部《应征入伍普通高等学校录取新生保留入学资格及退役后入学办法》（教学〔2013〕8号）明确：

（1）保留入学资格。主要是针对入伍高校新生（通过全国普通高等学校统一考试或研究生招生考试、已被普通高校学校或研究生招生单位录取但因同时依法应征入伍未到录取高校报到入学的学生）；

（2）保留学籍。主要是针对入伍在校生（应征入伍服义务兵役前正在高校就读的学生），服役期间按国家有关规定保留学籍，退役后2年内允许复学。

八、高校毕业班学生入伍政策

《关于贯彻落实〈一年两次征兵两次退兵改革实施方案〉有关问题的通知》（军动〔2020〕424号）明确：上半年批准入伍的高职（专科）、普通本科及以上毕业班学生，完成专业理论课程的学习与相关学习、毕业设计和论文答辩合格，符合毕业条件的，学校应当准予毕业，男青年征集年龄放宽至24周岁，享受应届毕业生入伍相关待遇，按规定申请学费补偿、国家助学贷款代偿。

《关于做好2021年大学生征兵工作的通知》（闽征〔2020〕68号）明确：上半年批准入伍的高校毕业班学生，完成专业理论

课程学习取得毕业规定所需学分的，高职高专毕业班学生可免毕业实习、毕业论文答辩；本科高校毕业班学生论文答辩可根据专业实际，采取多种方式进行。征集入伍时由所在学校按照学制规定的毕业时间填写、颁发毕业证书，享受应届毕业生入伍有关优惠政策。

九、军士套改（授衔）

大学毕业生入伍服完义务兵役转改军士时，享受套改政策。大专毕业生直接套改中士第一年，本科毕业生直接套改中士第二年，工资在相应的职级档次基础上上调2档。直招军士入伍的普通高等学校、高级技工学校和技师学院毕业生，其高中（中职）毕业后在国家规定学制内在校就读的年数视同服现役时间。其中，普通本科毕业生入伍后授予下士军衔，服役满1年后授予中士军衔；高职（专科）毕业生入伍后授予下士军衔，服役满2年后授予中士军衔。

十、享受学费补偿

国家资助学费：国家对应征入伍服义务兵役高校学生，在入伍时对其在校期间缴纳的学费实行一次性补偿或用于学费的国家助学贷款实行代偿；对应征入伍服义务兵役前正在高等学校就读的学生（含按国家招生规定录取的高校新生），退役后自愿复学或入学的，实行学费减免。学费补偿、国家助学贷款代偿以及学费减免的标准：本专科生每生每年最高不超过16000元，研究生每生每年最高不超过20000元。

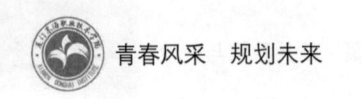

《关于全面做好退役士兵教育培训工作的指导意见》（退役军人部〔2021〕53号）规定，全日制在校退役士兵学生全部享受本专科生国家助学金。省属高校，被学校认定为特困的学生每人4500元，其他退役士兵学生每人3300元；厦门市属高校统一所有退役士兵学生每人3300元。

十一、退役复学

1. 复学

（1）高校新生、在校生，服役期间保留其学籍或入学资格，退役后2年内复学或入学。

（2）在校大学生士兵退役复学的，公共体育、军事技能训练和军事理论等课程免于考试，直接获得学分。

（3）大学生士兵退役后复学，经学校同意并履行相关程序后，可转入本校其他专业学习。

2. 升学

（1）专升本。高职（专科）毕业生及在校生（含高校新生）应征入伍，退役后完成了高职（专科）学业的前提下，可以免试入读普通本科，或根据意愿入读成人本科。

（2）参加"退役大学生士兵"专项硕士研究生招生。

（3）将高校在校生（含高校新生）服兵役情况纳入推免生遴选指标体系。

（4）考研加分。普通高校应届毕业生应征入伍服义务兵役退役后3年内参加全国硕士研究生招生考试，初试总分加10分，同等条件下优先录取；在部队荣立二等功及以上的，符合研究生

报名条件的可免试（指初试）攻读硕士研究生。

十二、受到社会尊重

福建省征兵办等10家单位出台的《进一步加强和改进征兵工作的若干措施》（闽征〔2023〕11号）明确：

（1）持有效证件的军人及随行军属享受汽车客运站优先购票、安检和乘车的权利。

（2）应征青年服义务兵役期间，为其父母颁发优待证（有效期2年），新兵父母可凭证享受一次免费体检（参照当地企事业单位职工体检标准执行）。

（3）可凭证免费游览由当地政府投资的A级旅游景区。

十三、报考文职

福建省征兵办等8部门《关于进一步加强征兵工作的若干措施》（闽征〔2022〕15号）明确，大学毕业生士兵退役后，参加军队文职人员招聘，军队可从部队工作经历、立功受奖情况、执行军事任务等方面设定岗位条件，且同等条件下优先录用；服役满5年以上且被评为优秀士兵或获得嘉奖以上奖励的，公共科目考试成绩加5分。

十四、招考招聘

《关于进一步做好退役大学生士兵报考省公务员四级联考"专门职位"工作的通知》（闽征〔2021〕53号）明确：

（1）2019年以前（含2019年）由福建省兵役机关批准入伍，

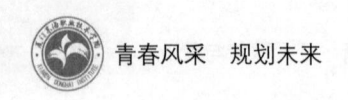

入伍前为按照国家招生规定录取的普通全日制高校毕业生、在校生或在籍生，服役未满5年（本科以上学历毕业生入伍未满4年），在退役或毕业后2年内，符合岗位报考要求的，可报考省公务员四级联考"专门职位"1次。

（2）由福建省兵役机关批准入伍，入伍前为按照国家招生规定录取的普通全日制高校毕业生、在校生或在籍生，服役满5年以上（含5年，本科以上学历毕业生入伍放宽至4年），退役时身份为士兵，符合岗位报考要求的，可报考省公务员四级联考"专门职位"。

（3）从2022年开始，从福建省公务员四级联考人武专干岗位中拿出一定比例，面向从福建省入伍，服役满5年（含5年，本科以上学历毕业生入伍放宽到4年）以上，且入伍前为按照国家招生规定录取的普通全日制高校毕业生的退役士兵招考。

十五、企事业单位招聘

企业事业单位在招收录用工作人员或聘用职工时，在招考资格条件上，参照国家有关政策口径，对退役军人的专业、年龄和学历等条件适当放宽，在军队服现役经历视为基层工作经历，服现役年限计算为工龄，同等条件下优先招录聘用退役军人。

企事业单位在招聘工作人员时，可拿出一定比例的招聘岗位面向符合招聘条件的退役士兵实行定向招聘。

事业单位根据岗位需要可采取直接考核方式接收符合考核聘用条件的退役大学生士兵，也可采取有限竞争招聘考试方式专门面向退役大学生士兵招考。

退役士兵参加事业单位面向社会公开招聘工作人员考试，享有笔试成绩加分待遇，加分不受笔试满分限制。《关于转发〈事业单位公开招聘人员暂行规定〉的通知》（闽人发〔2006〕10号）明确了以下加分政策：入伍前是全日制普通大专以上毕业生（国家统招）的退役士兵，退役后除享受以上加分外，可再加5分。以上各项可以累加，但最高不超过10分。

第二节 征兵宣传

一、征兵宣传进校园

为进一步提升全民国防教育，营造浓厚的参军报国氛围，激发大学生报名参军入伍的热情，推进大学生征兵工作的深入开展。我校每到征兵季之前都会组织大学生退役士兵进行当年最新的入伍政策宣讲，以自身的经历引发学生对部队的向往以及了解。

为深入学习贯彻党的二十大精神，增强大学生国防观念和国家安全意识，充分发挥朋辈榜样示范作用，培养大学生的爱国主义精神，2023年12月4日，在我校学生工作处、武装部的指导下，厦门东海职业技术学院海魂退役大学生士兵俱乐部组织开展了"退伍大学生进课堂"活动。

此次活动向同学们介绍了应征入伍的基本福利、国家补贴和退伍士兵免试专升本计划与考研加分等相关政策，并围绕自己为什么会选择入伍、入伍后的训练生活、入伍给自己带来的收获和成长等话题进行了分享。"在部队生活中不仅仅收获了良好的身

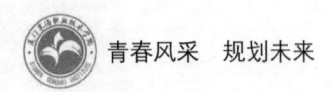

体素质、作息习惯和过硬的作风本领，还收获了珍贵的战友情和宝贵的军旅经历。"退役大学生娓娓道来，并鼓励在场大学生强化家国情怀，积极参军入伍，报效国家，回馈社会。

我校积极响应党和政府的征兵号召，大力开展爱国主义教育。退伍大学生士兵进课堂活动，推动了退伍大学生士兵群体积极发挥先锋模范作用，同时也让更多大学生了解到军旅文化，厚植爱国情怀，将个人理想抱负融入强军梦、中国梦中，为强国强军事业贡献自己的力量。

二、征兵宣传进课堂

征集应届大学毕业生参军入伍是适应新时期国防和军队现代化建设需要。主题班会的举办不仅能充分调动毕业学生参军入伍的积极性，在学生毕业对工作迷茫之际，鼓励大学生参军报国，激发青年学生参军报国的爱国主义热情，也为后续征兵工作的顺利开展奠定基础，充分整合各方面资源优势为征兵工作服务，助力我校大学生携笔从戎、建功军营。

三、悬挂征兵横幅，鼓励大学生参军入伍

每到征兵季节，在学校的教学楼、宿舍楼悬挂征兵的横幅，让学生对征兵入伍有清晰的感知。

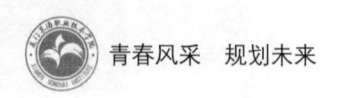

四、招聘会上设立征兵咨询站

每年的招聘会，学校征兵工作站会以此为契机，在校园招聘会上设立大学生征兵政策咨询展位，主要面向大学毕业生进行征兵宣传。

校园招聘会现场，两顶迷彩帐篷吸引了众多大学生的目光，征兵咨询站更是聚集了诸多前来咨询的大学生。由多名退役士兵学生担任"大学生征兵宣传员"，退役士兵结合自身参军经验在现场讲解征兵政策，鼓励更多同学携笔从戎、报效祖国。学校征兵工作站现场为前来咨询且已报名参军的同学发放征兵宣传品，此举受到了广大同学的喜爱。

第六篇　征兵政策与就业

第三节　典型案例

刘含仪：青春值得迷彩，退役依旧很"火"

不同的岗位，一样的奋斗；不同的"战场"，一样的"冲锋"。刘含仪，于 2020 年 9 月服役于中国人民解放军火箭军某部，在两年的绿色军营中燃烧青春，淬炼成钢，绽放出自己最美的光彩。

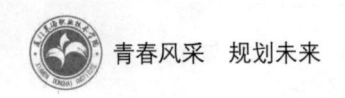

2022年9月，刘含仪回归校园继续完成学业。

复学一年多的时间里，刘含仪依然觉得入伍仿佛就在昨天。两年的服役经历深深刻在了她的脑海里，新兵连的三个月对她来说简直苦不堪言。新兵连主要是为新兵打好到基层部队正常工作训练的基础，而没有运动细胞的刘含仪在体能和一些需要大量体力的军事训练中感觉十分吃力。为了可以跟上大部队的节奏，班长经常会在训练后再带着她练习体能相关的项目。虽然很辛苦，但她却能感觉到自己在悄然蜕变。在部队的两年时光里，她有过兴奋也有过迷惘。

如今，她服役期满退伍回到校园，复学后担任商学院2022级大数据与财务管理班团支书，并加入商学院团总支成为组织部的一名干部。从参军到退伍，从军人到学生，她把部队的优良作风带到了学校，刚开学就担任学校军训的教官，组成了学校第一个女兵方阵，在新生军训当中脱颖而出。她也会在训练的间隙跟同学们讲述在部队里的故事。

她说："以故事承载思想、传播理念、发出声音，让当代大学生想听爱听，更了解我们的坚守，也希望他们也可以投身到那个坚守的地方。"

在学习上，因中断了两年的课程学习，适应起来又像是另一种"新兵训练"，但她并没有就此虚度光阴，而是充分利用自己的时间。在课堂上，把握老师授课的每一分每一秒；课后，也给自己设定了每天的小目标。除此之外，她也积极参加各项活动和比赛。大二时，她担任商学院团总支党建部部长和海魂退役大学生士兵俱乐部会长，在校荣获"优秀教官"、"先进共青团员"、

全国"shopee 杯"跨境电商创新创业大赛团队二等奖、福建省"国才杯"大学生商务谈判大赛团体一等奖、本校"爱我国防"演讲比赛一等奖等个人奖励和荣誉近 10 项。

她说:"是部队让我学会了成长,给了我自信,给了我从容,亦给了我勇往直前的力量!"

她说:"青春有很多样子,很庆幸我的青春有迷彩的样子!"

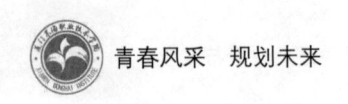

第七篇　资助政策

第一节　奖助学金的意义

奖助学金是一项非常重要的教育政策，其目的是帮助那些表现优秀但家庭经济条件较差的学生，使他们能够获得更好的教育机会。这种政策的意义不仅在于为学生提供经济支持，更在于促进教育公平和社会公正。

首先，奖助学金可以帮助学生减轻经济负担。对于一些家庭经济条件较差的学生来说，学费和生活费用是一个沉重的负担。奖助学金可以减轻他们的经济压力，使他们能够更加专注于学业，不再为生计所忧虑。

其次，奖助学金可以促进教育公平。教育是人们获取知识和技能的重要途径，而教育公平则是实现社会公平的重要前提。奖助学金可以帮助那些表现优秀但家庭经济条件较差的学生获得更好的教育机会，从而促进教育公平和社会公正。

最后，奖助学金可以提高学生的自信心和积极性。获得奖助学金可以让学生感到自己的努力和付出得到了认可和鼓励，这种

认可和鼓励可以激发他们的积极性和动力,使他们更加自信地面对学业和生活中的挑战。

总之,奖助学金政策意义非凡,它可以帮助学生减轻经济负担,促进教育公平和社会公正,同时也可以提高学生的自信心和积极性。我们应该重视奖助学金的作用和意义,为更多的学生提供帮助和支持。

第二节 学校奖助学金体系

一、国家奖学金

奖励纳入全国招生计划内的特别优秀的全日制本专科二年级(含二年级)以上在校生,每生每年8000元,颁发国家统一印制的荣誉证书。

二、国家励志奖学金

奖励纳入全国招生计划内的品学兼优的家庭经济困难全日制本专科二年级(含二年级)以上在校生,每生每年5000元。

三、国家助学金

资助纳入全国招生计划内的家庭经济困难全日制本专科在校生,"特别困难"的每生每年4500元,"困难"的每生每年2800元。全日制在校退役士兵学生全部享受本专科生国家助学金,资助标准为每生每年3300元。

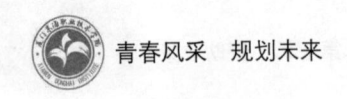

四、国家助学贷款

家庭经济困难的学生可申请办理国家助学贷款，优先用于支付在校期间的学费和住宿费，超出部分可用于弥补日常生活费，每人每年最高不超过16000元，在校期间利息由国家承担。助学贷款期限为学制加15年，最长不超过22年。助学贷款利率按照同期同档次贷款市场报价利率（LPR）减30个基点（LPR5Y–0.3%）执行。国家助学贷款分为生源地信用助学贷款和校园地国家助学贷款，有贷款需求的学生可向户籍所在县（市、区）的学生资助管理机构咨询办理生源地信用助学贷款。

五、服兵役高等学校学生国家教育资助

对应征入伍服义务兵役、招收为士官、退役后复学或入学的高等学校学生实行学费补偿、国家助学贷款代偿、学费减免。

学费补偿或国家助学贷款代偿金额，按学生实际缴纳的学费或用于学费的国家助学贷款（包括本金及其全部偿还之前产生的利息）两者金额较高者执行；复学或新生入学后学费减免金额，按高等学校实际收取学费金额执行。

学费补偿、国家助学贷款代偿以及学费减免的标准：本专科生每生每年最高不超过16000元，超出标准部分不予补偿、代偿或减免。

六、勤工助学

高校学生在学有余力的前提下，可以利用课余时间参加高校组织的勤工助学活动，通过劳动取得合法报酬，改善学习和生活条件等。目前学校设有临时岗和固定岗两类型勤工助学岗位。

七、绿色通道

家庭经济特别困难的新生如暂时筹集不齐学费和住宿费，可在开学报到时，通过高校开设的"绿色通道"先办理入学手续。目前我校针对新生已开办线上"绿色通道"，新生在学校迎新系统中线上提交申请手续后，即可提前进行宿舍选择、新生报到等流程。

八、校级奖学金

奖励品学兼优的本专科二年级以上（含二年级）学生，奖学金分为特等奖学金：每生每年2000元，比例为所有可参评学生的2%；一等奖学金：每生每年1200元，比例为所有可参评学生的6%；二等奖学金：每生每年600元，比例为所有可参评学生的12%；三等奖学金：每生每年300元，比例为所有可参评学生的30%。

九、就业补助金

用于补助达到毕业条件的普通全日制建档立卡家庭、低保家庭（含特困人员）和家庭经济困难残疾类型等专科学生公考、考级、考证、面试等，统一补助标准为每人每次2000元。

第三节　资助典型做法

一、流程透明，开展答辩活动，优化评选全过程

在原有的评选流程惯例上，创新性引入国家奖学金答辩会。根据我校情况结合各高校典型做法，制定符合我校实际的答辩会

细则、答辩会评分标准、答辩会打分表。邀请学校中、高层领导担任答辩会评委，让候选学生依次答辩，回答现场提问。后将所有评委的打分表收集、统分、排序，根据分数高低决定最终的学校国家奖学金推荐人选。并同步将答辩会结果公示在学校官方公众号，接受全体师生监督。答辩会模式既锻炼了学生，也丰富了奖学金评选手段，促进奖学金全流程向着标准化、人性化、公平化、透明化不断完善。

二、耐心解答，回应政策咨询，更好地为学生服务

日常设有资助咨询专线，方便学生及时了解最新的资助政策，并在寒、暑假期间安排专人接听，保障全年学校资助热线畅通。提供咨询服务对于推动奖助学评选体系健康、有序发展具有重要作用。一方面能为学生提供更好的服务，让需要帮助的学生能够充分享受政策红利，专心学业，减轻负担；另一方面，政策咨询服务做在前端，可以及时了解学生动态，化解矛盾，减少误会。

三、宣传典型，弘扬良好学风、催人奋进

每年，国家级奖学金、校级奖学金评选完成后，都会组织学院开展相应的表彰活动、颁奖仪式，邀请典型、表现突出的学生上台分享自己的成绩与心得，在院、校公众号发布获奖学生优秀履历的推文，鼓励更多的学生热爱学习、全面发展、提升德智体美劳各个维度的能力，共同推动全校良好学风的孕育，起到正向激励作用。